SOUVENIRS

D'UNE EXPLORATION SCIENTIFIQUE

DANS LE NORD DE L'AFRIQUE.

I.

MONUMENTS SYMBOLIQUES

DE L'ALGÉRIE

PAR

M. J. R. BOURGUIGNAT.

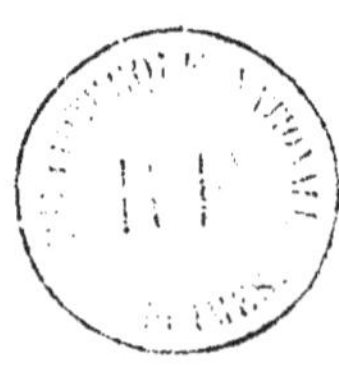

PARIS

CHALLAMEL AINÉ, LIBRAIRE-ÉDITEUR,

Commissionnaire pour l'Algérie, les Colonies et l'Orient,

27, RUE BELLECHASSE, ET RUE DES BOULANGERS, 30.

ALGER	CONSTANTINE	BONE
BASTIDE, LIBRAIRE-ÉDITEUR,	ARNOLET, LIBRAIRE-ÉDITEUR,	CAUVY, LIBRAIRE-ÉDITEUR,
Place du Gouvernement.	Rue du Palais.	Papetier.

1868

OUVRAGES SCIENTIFIQUES
DU MÊME AUTEUR.

AMÉNITÉS MALACOLOGIQUES. — 2 vol. in-8 avec 45 pl. noires lithogr. Paris, 1855-1860, chez Baillière et fils, libraires, 19, rue Hautefeuille. Chaque volume 25 fr., soit. . . . . 50 fr.

SPICILÉGES MALACOLOGIQUES. — 1 vol. in-8 avec 15 pl. lithogr. noires ou color. Paris, 1862, chez Baillière et fils. . . . . 25 fr.

MOLLUSQUES NOUVEAUX, LITIGIEUX OU PEU CONNUS. — Paraissant par décade. Paris, 1863 à 1868. 8ᵉ décade in-8 contenant 58 pl. noires ou coloriées en vente chez Savy, libraire, 24, rue Hautefeuille, au prix de 4 fr. chaque. La 9ᵉ décade est sous presse.

LETTRES MALACOLOGIQUES. — Paris, 1ʳᵉ, 1867; 2ᵉ, 1868, in-8.

TESTACEA NOVISSIMA quæ cl. de Saulcy, in itinere per Orientem, annis 1850 et 1851, collegit. Paris, 1852, in-8, chez Baillière et fils. . . . . : 2 fr. 50

CATALOGUE RAISONNÉ DES MOLLUSQUES TERRESTRES ET FLUVIATILES recueillis par M. de Saulcy pendant son voyage en Orient. 1 vol. in-4 avec pl. noires lithogr. Paris, 1853, chez Gide et Baudry, libraires-éditeurs, 5, rue Bonaparte, et chez Baillière et fils.

MONOGRAPHIE DE L'ANCYLUS JANI. — Brochure in-8, 1853, chez Baillière et fils. 1 fr.

DESCRIPTIONS D'ANCYLES NOUVEAUX de la collection de M. Cuming, précédées d'une notice sur le genre *Ancylus*, et d'un catalogue complet des espèces qui le composent. Londres, 1853, brochure in-8 avec 1 pl. noire. . . . . 4 fr.

MONOGRAPHIE DES ESPÈCES FRANÇAISES DU GENRE SPHÆRIUM, suivie d'un catalogue synonymique des sphéries constatées en France à l'état fossile. 1 vol. in-8 avec 4 pl. noires lith. Bordeaux, 1854, chez Baillière et fils. . . . . 6 fr.

NOTICE SUR UNE PIERRE TOMBALE conservée en l'église Notre-Dame de la Ville-au-Bois. 1 vol. in-4 avec titre et les têtes de chapitres chromolithographiées dans le texte, et 3 pl. noires et coloriées. Bar-sur-Aube, 1855. . . . . 10 fr.

CATALOGUE RAISONNÉ DES PLANTES VASCULAIRES du département de l'Aube. 1 vol. in-8. Paris, 1856, chez Baillière et fils. . . . . 5 fr.

MALACOLOGIE TERRESTRE DE L'ILE DU CHATEAU D'IF, près de Marseille. — In-8

DES

MONUMENTS SYMBOLIQUES

DE L'ALGÉRIE.

Paris, janvier 1868.

𝕬

M. ARMAND DU MESNIL.

Je crois aux bonnes et aux mauvaises influences ; je crois surtout aux bonnes : c'est pourquoi j'ose mettre ces quelques pages sous l'égide de votre nom.

Pour vous, ces pages vous rappelleront l'Algérie, alors que vous visitiez ce pays si riche et si fertile : elles vous feront souvenir de ces tristes populations arabes, si intéressantes lorsqu'on les juge à distance ; si sales, si prosaïques lorsqu'on les touche du doigt : elles vous montreront quelles immenses richesses archéologiques renferment ces contrées, et quel profit pour l'histoire de l'humanité on pourrait en tirer, si le sol de cette colonie était exploré et étudié avec intelligence.

Pour moi, cher Monsieur, votre nom me rappellera l'affectueuse obligeance que vous avez toujours bien voulu me témoigner.

I

Je ne pensais pas éveiller sitôt l'attention des savants sur les monuments symboliques de l'Algérie.

Je comptais les réserver pour les faire entrer, en leur ordre et place, dans un travail que je prépare, de longue main, sur l'*Histoire des races américaines en Europe dans les temps préhistoriques*. Mais, d'après l'avis de mes amis, sur la nouvelle que des savants étrangers, ayant eu connaissance de ma découverte, étaient débarqués à Alger dans le but de les étudier, je crois le moment opportun de faire connaître ces bizarres monuments de l'époque de la pierre polie, qui, *en ce pays*, remonte, selon toute probabilité, de l'an 4000 à l'an 8000 avant J. C., comme je le prouverai plus tard.

Mon intention n'est pas, en cette notice prodromique, de me livrer à un luxe d'érudition, ni de me lancer dans de longues et profondes dissertations. Mon désir est de décrire ces monuments aussi clairement que possible, et de montrer les rapports frappants de similitude qui existent entre eux et ces symboles mortuaires d'Amérique, si parfaitement mis en lumière par les savants auteurs Taylor, Squier, Davis, Haven, Lapham ou Schoolchraft.

Pour rendre ce mémoire plus attrayant, en même temps plus préhensible à l'intelligence, j'ai confié mes dessins à un artiste de talent, qui les a reproduits avec une rare perfection. Enfin, comme terme de comparaison, j'ai fait représenter quelques monuments américains analogues à ceux de l'Algérie.

Quant aux conséquences de ces rapports et de ces analogies, je laisse à mes amis et aux savants le soin d'en tirer celles qui leur plairont. Si quelques-uns cependant désirent connaître mon avis définitif, je les prie de vouloir bien attendre la publication du travail dans lequel ces monuments trouveront tout naturellement place pour venir se fondre en un tout, où les preuves zoologiques, anthropologiques, linguistiques, etc...., réunies, groupées, agencées, doivent, par leur ensemble, amener l'esprit à une certitude réelle; surtout lorsqu'on reconnaîtra qu'il n'y a, chez moi, aucun parti pris, que je n'appartiens à aucune école, que je suis ennemi des hypothèses.

II

Voici en quelle circonstance je fis la découverte de ces monuments symboliques.

J'avais projeté, depuis longtemps, de concert avec mes excellents amis, le conseiller Letourneux et le Dr Paul Marès, une exploration scientifique dans la magnifique forêt de cèdres de Téniet-el-Haad.

A Téniet-el-Haad, la fantaisie nous prit de visiter une partie du désert du Sersou.

Le jeudi, 18 avril de l'année dernière, notre petite caravane quittait de grand matin Téniet-el-Haad.

Le vendredi, 19, nous laissions, à la pointe du jour, le bordj d'Aïn-Toukria, demeure du bach agha Amor ben Ferhat du Gueblah.

Dans la soirée seulement, nous arrivions au douar du caïd Ben Tayeb, à Sebaïn Aïoun, par des chemins impossibles, sous un soleil ardent, après une de ces journées fatigantes qui vous tuent le moral, qui vous brisent le corps. Si j'entre dans ces détails, c'est pour montrer dans quelle situation d'esprit et de corps je me trouvais lorsque j'allais bientôt être en présence des monuments symboliques, et que, malgré mon ardeur d'investigation, j'étais forcé, par impuissance, la rage au cœur, d'abandonner un si beau champ d'études.

Mais il y avait de quoi abattre plus robuste que moi : je venais, sans m'arrêter, de faire le voyage de Paris à Marseille, la traversée de Marseille à Alger, Dieu sait quelle traversée ! et l'interminable route d'Alger à Milianah, de Milianah à Téniet-el-Haad. Aussi je me trouvais fatigué et courbaturé à ce point que j'avais peine à mettre un pied l'un devant l'autre. Comme surcroît de fatigue, je me trouvais en présence de la vraie cuisine arabe, qui, certes, n'est pas propre à ragaillardir ni à donner des forces. On ne peut se figurer ce qu'est la cuisine des tentes : cuisine sale, emportant la bouche, puant le suint et le leben, imprégnée surtout de ces odeurs fades, *sui generis*, qui vous mettent le cœur sur la main. Il faut avoir vécu avec les Arabes du désert pour se faire une idée du point extrême où peut atteindre le sans-soin, l'incurie et la malpropreté.

Le samedi, 20, de grand matin, nous abandonnions les tentes du caïd Ben Tayeb. Nous avions une longue route à faire.

Je me souviendrai longtemps de cette journée.

Je ne connais rien de plus fastidieux qu'une route en ligne droite. Bien que la ligne droite soit le plus court chemin d'un point à un autre, je préfère de beaucoup la ligne courbe. Ici, c'était mieux qu'une ligne droite, c'était une plaine caillouteuse, sans verdure, interminable ; c'étaient en grand les plaines de la Crau. On avait beau avancer, la plaine s'étendait toujours aussi profonde ; plus nous avancions, plus elle semblait s'allonger devant nous.

A gauche, dans une dépression, serpentait le Nahr-Ouassel ; plus loin, s'étageaient les ondulations atlantiques de l'Ouaransenis, de Téniet et de Kébritah ; en face, une immensité, une espèce d'océan caillouteux ; à droite, une surface à perte de vue, jusqu'à la chaîne du Djebel-Amour, se perdant à l'horizon en lignes indécises.

C'est ainsi que, pendant une mortelle journée, notre caravane avançait, avançait toujours sous un soleil de feu, sans rencontrer l'ombre bienfaisante d'un arbre ou d'un rocher. Pardon, je me trompe, j'avais, pour me protéger, l'ombre de mon fusil, dont le canon était tellement brûlant que j'éprouvais une sensation douloureuse chaque fois que je m'oubliais à y porter la main.

Ce fut ainsi que la journée se passa, rencontrant tantôt des ruines romaines, tantôt des cimetières arabes ou des tombes libyques, que nous n'avions pas le courage d'examiner, tant notre fatigue était grande, tant le soleil était ardent.

Vers le soir, enfin, on parvint à une dépression inclinée sur la vallée du Nahr-Ouassel. En ce moment, commencèrent à paraître de nombreux tumulus; en certain endroit, le sol en était presque couvert. On ne pouvait malheureusement s'arrêter. La nuit approchait et nous étions encore loin du lieu de campement.

A partir de cette dépression, je me souviens que pendant plus de deux à trois heures nous continuâmes d'apercevoir, bordant la vallée, d'innombrables tumulus isolés ou réunis par groupe : les uns paraissaient intacts, les autres semblaient profanés. Enfin, quand nous arrivâmes au camp des Doui-Hasseni, vis-à-vis le confluent de l'Oued-Issa, la nuit était fermée. Nous étions harassés et, pour surcroît de malheur, la cuisine de ce douar était si sale, l'eau était si fétide et si corrompue, que je préférais m'étendre sur une natte.

Le lendemain, 21 avril, jour de Pâques, j'étais debout avant le jour. La nuit avait été, grâce à la vermine, aussi fatigante que la journée; à la chaleur du jour précédent (44°) avait succédé un froid relativement intense (11°), et un vrai mistral, descendu des hauts pitons de l'Ouaransenis, balayait d'une façon désagréable le plateau où nous nous trouvions.

Mes compagnons de voyage, habitués au climat d'Afrique, endurcis à la fatigue, accoutumés à la vie arabe, supportaient assez bien cette vie de privations. Quant à moi, ne me sentant plus la force de les accompagner dans leurs recherches géologiques, je restai près de la tente; bien m'en prit, car, en explorant les alentours, je reconnus aussitôt des tertres funéraires semblables à ces tumulus qui, la veille, nous avaient si fort intrigués.

Je parcourus donc le plateau. Presque tous ces tumulus avaient été profanés à une époque inconnue. J'en constatai cependant quelques-uns d'intacts. Il s'agissait maintenant de sonder un de ces tumulus (pl. I, f. 3); ce n'était pas une petite affaire. Dans tout le douar, on ne put trouver que deux petites piochettes à main, encore mal emmanchées, dont les Arabes se servent pour assujettir les bâtons de leur tente.

Pendant plus de quatre heures, tantôt les excitant, tantôt les gourmandant, je me tins sur un des tumulus ; mais toutes mes peines et mes impatiences n'aboutirent pour ainsi dire à rien. Ceux qui ne connaissent pas l'Arabe des tentes ne peuvent se figurer la paresse, le peu de vigueur de ces hommes. Au bout de quatre heures, on avait à peine enlevé un mètre et demi cube de terre, et cela entre dix. On était cependant parvenu à la chambre sépulcrale, qui, toute remplie d'humus, me parut construite dans le genre dolménique.

Les parois de cette chambre (pl. i, fig. 2) étaient construites de grosses pierres frustes placées à même les unes sur les autres. Une pierre relevée, plus volumineuse que les autres, formait à elle seule un des côtés. Une roche, formant dalle, recouvrait le tout.

Dans le peu de terre que j'ai pu faire extraire de la chambre sépulcrale, car je n'ai pu obtenir des Arabes la continuation des fouilles, j'y ai recueilli un grand nombre de coquilles et quelques ossements.

Parmi ces coquilles, les unes étaient identiques aux espèces vivantes de la localité (1), les autres étaient des espèces éteintes. Ce qui indique une bien haute antiquité.

Je viens de décrire et de faire représenter une de celles-ci, sous le nom d'*Helix Vatonniana*, en l'honneur de l'ingénieur Vatonne, dans la huitième décade des *Mollusques nouveaux, litigieux ou peu connus*, parue au mois de décembre dernier.

Quant aux ossements humains, ils étaient tous brisés et dans un état déplorable de conservation. Mais ce qui me causa du plaisir fut la remarque que je fis d'une empreinte, sur une terre jadis boueuse, d'un des pariétaux d'un crâne, et cela à l'un des angles supérieurs de la chambre sépulcrale.

Ainsi, d'après cette empreinte, le cadavre (pl. i, fig. 2) avait été placé accroupi, le dos appuyé à une paroi, les jambes repliées et les bras croisés sur les genoux. A la longue, selon toute probabilité, le cadavre, complétement décomposé, s'était affaissé. Puis, à la suite des siècles, peu à peu la terre avait recouvert les ossements et avait fini par combler le vide du tumulus.

(1) Comme les Helix Juilleti, Berlieri, lacertarum subrostrata, arenarum, pyramidata, etc....., Ferussacia, charopia, etc.....

Ah! si j'avais eu avec moi, en ce moment, ces braves soldats de Guelma, si zélés, si intelligents, qui m'accompagnèrent plus tard dans mes excursions de Roknia et du Djebel-Thaya, quelles découvertes j'aurais pu faire! Quel champ d'études j'avais sous les pieds! Mais, avec ces Arabes, je fus contraint de renoncer. Je me contentais donc d'étudier la forme extérieure de ces monuments.

Il y avait déjà quelque temps que j'arpentais, que je relevais, que je dessinais ces vastes symboles mortuaires, quand mes excellents amis, Letourneux et Marès, vinrent me rejoindre. Il paraît que, à ma figure défaite, ils virent que je couvais une de ces jolies fièvres africaines qui vous emportent en vingt-quatre heures; car ils donnèrent immédiatement l'ordre du départ. Les chevaux furent sellés et nous perdîmes bientôt de vue ce champ mortuaire, où je ne reviendrai peut-être jamais, où il y avait de si belles découvertes à faire au point de vue de l'histoire de l'homme préhistorique.

III.

Sur le plateau exploré par moi dans la matinée du 21 avril, plateau situé sur la rive droite du Nahr-Ouassel, vis-à-vis le confluent de l'Oued-Issa, se trouvent une cinquantaine de tumulus.

Parmi ces tumulus, le plus grand nombre sont isolés ou du moins paraissent isolés.

Quant à ceux que je vais tâcher de décrire, leur groupement intentionnel est si manifeste, qu'il ne peut y avoir de doute à ce sujet.

Un des monuments les plus remarquables de ce plateau est un ensemble de cercle et de tumulus qui donnent, selon moi, la représentation de l'homme.

Ce monument (pl. 1, fig. 1), composé de cinq tumulus (dont deux reliés par un sillon) et d'un grand cercle de pierres, s'étend en ligne brisée sur une longueur de 174 mètres, orienté de telle façon que la tête regarde le S. S. E. et que les pieds sont tournés vers le nord.

Le tumulus de la tête a 10 mètres de diamètre ; tous les autres, qui représentent les bras et les jambes, ont chacun 12 mètres. Le cercle de pierre, symbole du corps, est ovale. Son plus grand diamètre est de 49 à 50 mètres, son plus petit de 30.

Du tumulus de la tête au cercle ventral il y a 25 mètres. De ce cercle au premier tumulus des pieds il y a également 25 mètres ; enfin 40 mètres séparent ce tumulus de celui qui représente l'extrémité.

Les deux tumulus des bras sont situés à égale distance, juste à 8 mètres chacun du cercle ventral. Ce qui démontre bien l'intention évidente de ceux qui ont élevé ce monument de faire corroborer chaque partie du tout à la représentation symbolique d'un être.

Ces tumulus ont tous été profanés. On voit parfaitement vers leur partie centrale une dépression où les pierres en désordre annoncent d'antiques fouilles. Tels qu'ils sont, ils ne s'élèvent guère à plus de 0^m,75 à 1 mètre au-dessus du sol. Primitivement, ils devaient s'élever de 1^m,50 à 2 mètres.

A leur base l'on remarque une assise de pierres brutes assez volumineuse, puis une autre assise de terre ; enfin, d'après ce que j'ai pu saisir, vu l'état de délabrement dans lequel ils se trouvent, le reste des tumulus était terminé par des assises de pierres ou de cailloux s'alternant les uns aux autres.

En écartant les pierres de ces tumulus, j'y ai découvert quelques silex parfaitement taillés, de forme allongée, offrant une face plate, unie, enlevée d'un seul coup, puis deux autres côtés taillés en biseau et présentant de nombreux plans et méplats. Ces silex (pl. i, fig. 6-8) ressemblent, du reste, à ceux que j'ai recueillis sur le sol de tout le sersou depuis ce douar jusqu'à celui de Sebaïn-Aïoun.

Le grand cercle de pierres, qui, de loin, figure une vieille citadelle ruinée, paraît avoir été construit avec des pierres relevées dans le sens de leur longueur, sur lesquelles on aurait ensuite ajouté des pierres moins volumineuses. Ce mur pouvait avoir 2 mètres à 2^m,50 de hauteur. Maintenant, écroulé de tous côtés, il forme encore un immense cercle de 1 mètre de haut sur 3 de large.

Je dois faire remarquer, comme l'on peut s'en convaincre sur la planche où se trouve représenté ce monument, que le symbole de l'*Homme* offre ici un axe brisé.

En voilà la raison :

Près de ce monument, à droite, en regardant le sud, se trouve une légère dépression de terrain. Le sol, en cet endroit, présente une espèce de ravine s'inclinant au nord vers la vallée du Nahr-Ouassel. Or, si les anciens constructeurs avaient poursuivi la construction dans l'axe de l'enceinte et des tumulus de la partie antérieure, le dernier tumulus aurait été placé en contrebas, ce qui aurait nui au plan d'ensemble. Aussi, pour remédier à ce défaut de niveau, ont-ils été obligés de rompre l'axe du monument d'après un angle de 10° en le portant un peu plus à gauche.

Ce fait prouve bien la corrélation de tous ces tumulus les uns avec les autres.

L'idée symbolique est donc manifeste.

En dehors de l'Algérie, je ne connais que l'Amérique, où les anciennes peuplades préhistoriques aient consacré des tumulus sous la forme symbolique de l'homme.

Dans le Wisconsin, sur un plateau situé près de la rivière du même nom, dans une position analogue à celle du Nahr-Ouassel, se trouve, sur une étendue de plus de 25,000 mètres carrés, une série de petits tumulus au nombre d'une cinquantaine. Au centre de ces petits monuments, la figure symbolique de l'*Homme* est représentée, comme en Algérie, par cinq tumulus séparés. Seulement, dans le monument du Wisconsin (pl. i, fig. 4), le cercle ventral est remplacé par un tumulus plus grand, et les deux tumulus des bras sont allongés au lieu d'être arrondis.

Ce monument a 150 pieds de longueur (1). Le tumulus de la tête et celui des pieds ont 5 pieds de hauteur ; celui du ventre, 6 ; ceux des bras, 3 seulement. C'est à peu près la hauteur des tumulus du Nahr-Ouassel.

Près du mont Moriah, dans le Wisconsin, existe également une figure d'*Homme*. Dans ce monument (pl. i, fig. 5), où Lapham a été assez heureux

(1) J'ai laissé pour ces tumulus, de même que pour tous ceux que je vais décrire d'Amérique, les mesures anglaises données par les auteurs. Le pied anglais (foot) vaut 304 à 305 millimètres.

pour recueillir un squelette et des fragments de poteries (1), les tumulus sont réunis pour former un tout, représentant le corps de l'*Homme* étendu.

Sur une éminence, près d'Eagle-Mills, dans le comté de Richland (Wisconsin), on a retrouvé un monument symbolique encore bien plus bizarre, attendu qu'il représente un *Homme* aux bras étendus, ayant à ses pieds un animal que l'on suppose un Buffle.

Ce monument (pl. ı, fig. 9) gigantesque (les bras seuls ont 436 pieds de longueur) est accompagné d'un tumulus isolé, distant de 20 pieds de la tête de l'homme; tumulus qui semble être placé sous la protection de cette figure symbolique.

A 7 milles (2) à l'est des montagnes Bleues, dans le comté de Dade (Wisconsin), au milieu d'une grande plaine couverte de futaies, d'arbrisseaux, s'étend une série de monuments.

Cet ensemble de monuments (pl. ı, fig. 10) se compose 1° d'un grand cercle de pierres brutes posées les unes sur les autres; 2° à 75 pieds plus loin, dans la direction du N. N. E., d'un long tumulus de terre de 120 pieds; 3° à 180 pieds de là, d'un autre tumulus allongé de 90 pieds; 4° enfin, à 80 pieds, d'un corps d'*Homme* en terre, les bras étendus et les jambes écartées.

Cet *Homme*, parfaitement imité, offre un tumulus à la place de la tête. Le corps a 65 pieds du cou à l'entre-deux des jambes. Les bras ont 140 pieds. Les jambes ont chacune de 40 à 45 pieds.

On ne peut voir une figure symbolique mieux réussie.

A 50 pieds de cet *Homme*, la série des monuments se continue par un tumulus allongé d'une cinquantaine de pieds; puis enfin, à 50 pieds plus loin, la série se termine par un énorme tumulus arrondi.

Voilà, je pense, assez d'exemples de figures symboliques de l'homme en Amérique.

Sur ce plateau du Nahr-Ouassel, à 300 mètres environ, en se dirigeant vers

(1) Lapham, antiq. wisc. in : Smiths. cont., t. VII. p. 61, f. 26. 1855
(2) Le mille anglais équivaut à 1,609 m. 1/3.

l'occident, se trouve encore un monument bien plus singulier, bien autrement bizarre et compliqué que celui que je viens de décrire.

Ce monument (pl. II, fig. 1-2), symbole d'un animal, le *Scorpion*, s'étend sur une longueur de 75 mètres, dans une orientation, du midi au nord-est, à peu près analogue à celle de la figure symbolique de l'homme.

Il commence par un immense croissant en pierres brutes aux pointes tournées vers le sud et par un sillon de forme ondulée, de 9 mètres de longueur, qui vient se rattacher à un énorme tumulus ovalaire.

Ce tumulus, long de 20 mètres, large de 12^m,50, haut de 1 mètre à 1^m,50, est composé d'assises de pierres et de terre assez peu définies, s'alternant les unes aux autres. Primitivement ce tumulus, qui a été, à des époques inconnues, bien maladroitement bouleversé, devait, d'après l'inclinaison de quelques pierres, avoir au moins 3 ou 4 mètres de hauteur.

De chaque côté, on aperçoit, sur ses flancs, des sillons de pierres, malheureusement aux trois quarts effacés, terminés par des croissants plus petits et de même forme que le croissant antérieur.

Sur le côté droit, un de ces sillons, avec son croissant, a été détruit par les eaux pluviales, qui paraissent, en cet endroit, avoir profondément érosé le sol.

De l'extrémité opposée de ce grand tumulus central (A) part un autre sillon de pierres, qui aboutit à un petit tumulus (B) légèrement ovalaire. De ce tumulus, le sillon suit la direction du nord pour se perdre dans un autre tumulus (C) bien arrondi et plus grand. Enfin, de ce tumulus, le sillon se dirige alors franchement à l'est, où il se termine par un nouveau tumulus (D) ovale, plus considérable que les deux autres.

Ce monument représente le *Scorpion*.

Je crois que l'interprétation de cette figure symbolique n'a rien d'absurde, attendu que de tout temps cet animal a été, de tous les animaux, un des plus communs et un des plus abondants de ce pays. Il y a même des contrées où ces ignobles bêtes sont tellement multipliées, que le sol en est, pour ainsi dire, infesté et qu'il est souvent dangereux de s'y reposer. Je me rappelle que, bien des fois sous la tente, je me trouvais désagréablement flatté, à mon réveil, de voir ramper sur mes vêtements quelques-uns de ces animaux.

Le grand croissant et le sillon de pierres simulent les pinces antérieures;

le tumulus central, le corps; les petits sillons latéraux terminés par des croissants, les pattes ; enfin, le long sillon terminal, la queue de l'animal, qui,
comme on le sait, est fort allongée.

Ce monument, dans son ensemble, me paraît une représentation si fidèle
du scorpion, que les tumulus du long sillon terminal semblent avoir été es-
pacés de façon à figurer les divisions annulaires de la queue.

Tous ces tumulus ont été fouillés et retournés à une époque inconnue.
Vus de profil (voyez pl. II, fig. 2), ils offrent une série de monticules plus ou
moins élevés suivant leur volume et leur étendue.

Lorsque je vis ce monument, et que, au bout d'un certain temps (car il est
bien détérioré), je fus parvenu à en saisir l'ensemble, je me rappelle que je
restai très-indécis sur la valeur et la signification réelles du croissant.

Je n'avais jamais vu de pareilles formes symboliques, et certes le doute
m'était bien permis.

Dans le premier moment, je crus avoir affaire à un tumulus aux trois quarts
détruit; mais, lorsque j'eus exploré le plateau et que je vis se répéter çà et
là ce même signe, toujours avec les mêmes caractères, différant seulement les
uns des autres par leur volume ou leur étendue, je fus bien forcé de recon-
naître ces croissants pour une figure symbolique et non pour des restes de
tumulus presque détruits.

Je fus d'autant plus autorisé à regarder cette opinion comme la plus sensée
et la plus raisonnable, que je trouvai, à quelque distance du *Scorpion*, un
tout petit monument (relativement parlant) de 32 mètres de longueur,
composé d'un tumulus arrondi et d'un beau croissant de pierre, réunis
entre eux par un sillon analogue à celui qui relie les diverses parties du scorpion.

Si j'avais trouvé la valeur de ce signe symbolique, je tombais, à la vue de
ce nouveau monument, dans une autre perplexité. Que pouvaient signifier
ce tumulus et ce croissant? Quel animal pouvaient-ils représenter? Quelles
idées avaient pu présider à la construction? N'étaient-ils pas la représentation symbolique de l'astre de la nuit dans son plein et dans son dernier
quartier? J'avoue que je n'ose rien affirmer à ce sujet. Je constate les faits:
voilà tout.

Je me permettrai cependant de relater ici mes impressions.

Ces peuples préhistoriques, qui plaçaient leurs sépultures sous l'invocation ou sous la protection d'une divinité personnifiée en la figure d'un homme ou d'un animal, ne pouvaient-ils pas avoir également le culte de la lune et du soleil, de ces deux astres de la nuit et du jour, qui ont, de tout temps, frappé d'une crainte superstitieuse l'imagination des hommes ?

Il n'y aurait rien d'étonnant à ce que ce petit monument ne fût un symbole de la lune dans deux de ses phases.

D'autant plus qu'en France je connais un immense et magnifique monument, symbole frappant du soleil couchant lançant au loin ses derniers rayons. Mais j'aime mieux me taire sur les monuments de mon pays, que l'on ne soupçonne pas, et qui, plus tard, doivent trouver place dans mon histoire des races américaines.

En déplaçant les pierres du monument du scorpion, j'y ai recueilli, comme dans celui de l'homme, quelques silex analogues à ceux dont je donne la représentation aux figures 6, 7, 8 de la planche première. De plus, j'y ai rencontré un ou deux de ces silex bizarrement taillés, où certaines personnes plus ou *trop* clairvoyantes pourraient y voir la tête d'un sauvage aussi bien que celle d'un président à mortier. Enfin j'ai récolté un grès, incontestablement poli, ayant la forme d'une hache de l'époque de la pierre polie. Cette hache de grès a 120 millimètres de longueur sur 84 de large, et 35 d'épaisseur. (Voyez pl. ii, fig. 4-5.)

Il n'y a qu'en Amérique où je puis trouver des sépultures analogues à celles que je viens de décrire.

Ainsi, près de Granville, dans le comté de Licking (Ohio), se trouve une magnifique série de tumulus, connue sous le nom de monument de l'alligator.

Ce monument, construit en terre et pierres sur une petite éminence, représente un animal (l'alligator) allongé sur le ventre, les quatre pattes étendues, la queue recourbée. De la tête à l'extrémité de la queue, la longueur totale est de 250 pieds ; la largeur du corps, de 40 pieds ; la longueur des pattes, de 36.

A la tête, aux épaules et à la croupe se dessinent, en relief, trois tumulus, d'une hauteur moyenne de 5 pieds. Enfin, sur le côté droit, existe un tumulus en pierres, rattaché aux flancs de l'animal par un sillon de terre. Ce tumulus, qui ressemble à un tumulus parasite, ou est postérieur à la construction de ce monument, ou doit être, au contraire, le tumulus principal en l'honneur duquel a été édifiée cette immense figure symbolique. Il fait l'effet d'un tertre mortuaire placé sous la protection d'une divinité personnifiée sous la figure de l'alligator.

Dans le Wisconsin, on a découvert, dernièrement, un monument mortuaire à peu près semblable ; il consiste en une série de tumulus réunis sous la forme d'un animal (*inconnu*) les pattes étendues.

A l'extrémité des pattes, il y a sur chacune un petit tertre de 3 pieds de hauteur. Sur le dos se dessinent deux grands tumulus. Le tumulus antérieur, celui des épaules, a 7 pieds de hauteur, celui de la croupe a un pied de plus ; un sillon plus élevé, qui semble simuler l'épine dorsale, relie ces deux tertres.

Ce monument a 110 pieds de long sur 90 de large.

Lorsqu'on examine de profil ce monument et celui de l'*alligator*, l'on reconnaît que la coupe de ces tumulus est identique à celle des tumulus de l'Algérie. (Voyez pl. ii, fig. 6, 8 et 9.)

Ainsi il y a, entre eux, parité complète de forme, de facture, de conception.

Pour qu'il y ait une si grande parité de conception, il a donc fallu que ceux qui ont élevé ces symboles mortuaires eussent les mêmes mœurs et surtout les mêmes idées religieuses.

Je pourrais ici, si je ne craignais pas de trop m'étendre, parler encore de ces innombrables figures symboliques que l'on a découvertes à Wankara, près du lac de Fox ; à Moundville, à Waukesha, où se trouve une tortue de 450 pieds de longueur ; à Pewaukee, où existe une série complète de lézards, de torlues, etc. On n'en finirait point. Ces sortes de monuments se trouvent par milliers répandus çà et là sur le sol américain.

Mais j'aime mieux éveiller encore l'attention sur un autre monument algérien que j'ai remarqué à quelques lieues de distance du plateau du Nahr-Ouassel. Ce monument sera une transition naturelle aux monuments symboliques des grands serpents d'Amérique et d'Angleterre.

IV.

J'ai raconté plus haut comment j'avais été forcé d'abandonner le plateau du Nahr-Ouassel.

Notre caravane était revenue au bordj d'Aïn Toukria, où une cuisine moins sale, à peu près mangeable, une eau excellente, avaient chassé, comme par enchantement, les mauvais symptômes dus à une fatigue incessante, à une nourriture répugnante, aux eaux nauséabondes, surtout aux rayons dévorants du soleil saharien.

Le 22 avril, j'étais en pleine exploration scientifique sur le Kef-ir'oud, superbe montagne nummulitique, placée comme une sentinelle en avant des derniers contre-forts méridionaux des chaînes de Téniet et de l'Ouaransenis.

Je ne connais guère de contrée plus pittoresque et plus grandiose à la fois que ce pays où se dresse comme un géant, avec ses murailles à pic et même surplombant dans le vide, cette montagne du Kef-ir'oud.

Le bach agha Amor ben Ferhat, le caïd Ben Tayeb de Sebaïn Aïoun, celui des Doui Hasseni du Nahr-Ouassel m'avaient signalé en cette montagne une grande caverne, un de ces souterrains immenses, où l'on pouvait dresser, à leur dire, dans une des salles, plus de 500 tentes et cacher plus de mille chameaux. Une pareille caverne était bien faite pour me faire venir l'eau à la bouche, d'autant plus que l'étude des cavernes a toujours été une de mes études favorites.

J'étais donc parti plein d'espoir, en compagnie de mes bons amis, le conseiller Letourneux et le docteur Paul Marès, dans l'intention d'explorer ce vaste souterrain. Arrivé au pied de la montagne, j'avais pris, au douar voisin, des guides qui prétendaient connaître cette immense excavation. Mais, bien fou celui qui se fie à une parole arabe. Je ne connais pas de peuple plus faux et plus menteur. Je conseille aux arabophiles parisiens, qui s'enthousiasment si vite pour ce pauvre peuple, si digne de pitié, suivant eux, d'aller passer quelques mois en Algérie et de vivre de leur vie. S'ils ne reviennent pas complétement dégrisés sur la valeur morale de ces gens, j'en serai bien étonné.

J'ai lu presque tout ce qui a été publié sur notre colonie algérienne, j'ai étudié tous les ouvrages qui ont trait au caractère, aux mœurs et aux idées du peuple arabe. Je dois avouer, maintenant que j'ai vu par mes yeux, que j'ai vécu de leur vie, que ce qui a été écrit me paraît ou faux, ou romantisé, ou façonné de parti pris.

Je ne connais qu'un seul homme, un ancien chef des affaires arabes, M. Charles Richard, qui ait eu le talent de bien apprécier ce peuple, et qui ait eu le courage de publier sa pensée. Je cite cet écrivain, parce qu'à mon retour à Paris, lorsque ses livres (1) me sont tombés par hasard sous la main, j'y ai reconnu mes idées, mes pensées, et cela d'une manière si exacte, si conforme à mes appréciations, que, si j'avais eu l'honneur d'être connu de M. Ch. Richard, j'aurais pu croire qu'il s'était accaparé mes pensées.

J'allais donc plein d'espoir, suivi par les Arabes, dans la direction de cette caverne. A midi j'étais parvenu à l'extrême sommet du Kef-ir'oud, en face d'une petite ouverture appelée R'ar-el-Kerma (la caverne du Figuier). Cette ouverture me semblait bien petite pour le passage des chameaux. Mais l'on voit souvent des choses si étonnantes en ce monde !

Je fus bien autrement étonné, lorsqu'il fallut entrer. Les guides commencèrent leur comédie. Pendant une demi-heure, ils me tinrent en suspens, tantôt avançant, tantôt reculant, sans jamais dépasser l'ouverture. Enfin,

---

(1) *Scènes de mœurs arabes*. Paris, 1866, in-8°. — *Mystères du peuple arabe*. Paris, 1860, in-12. Chez Challamel, libr.-édit.

voyant l'impatience me gagner, ils finirent par avouer qu'ils ne connaissaient aucune caverne.

J'entrai seul dans le couloir, mais, à vingt-cinq pas de l'entrée, je fus forcé de m'arrêter. Le conduit devenait tellement étroit que le rocher m'encerclait exactement de tous côtés. Je ne pouvais plus faire un mouvement. Je fus donc forcé de revenir en rampant. J'eus beau prier, menacer, les guides restèrent muets. J'étais joué, aussi bien joué que par ceux qui, le jour précédent, se moquèrent pour ainsi dire de moi aux tumulus du Nahr-Ouassel.

Je résolus de laisser de côté les Arabes. Letourneux et moi nous parcourûmes la montagne, entrant dans toutes les petites cavités, mais en vain. Je voyais bien, d'après la nature des roches, d'après certaines données à moi connues, qu'un vaste souterrain devait exister en s'approfondissant dans la direction du sud au nord. Mais où trouver le joint ?

Ce fut donc pendant notre recherche, que je me trouvai bientôt en présence d'une levée de pierres qui, par sa singularité et son immensité, me frappa l'imagination. Autant qu'il m'en souvient, j'étais au tiers de la descente, lorsque je fus arrêté par une large levée, véritable sillon.

Ce sillon, de 1 mètre à 1 mètre et demi de hauteur, entièrement composé de moyennes et de petites pierres, allait, en ondulant un peu, dans la direction du midi au nord, en suivant l'inclinaison de la montagne ; lorsque, sur son passage, ce sillon rencontrait une saillie, un rocher à pic, il ne faisait aucun détour, aucune courbe pour les éviter ; il se ramassait, pour ainsi dire, sur lui-même ; les pierres s'amoncelaient, s'entassaient les unes sur les autres ; et le sillon finissait par franchir l'obstacle, fuyant, s'allongeant, dépassant tout et se perdant à l'horizon.

Il ne faut pas croire que j'avais sous les yeux un horizon restreint. Je dominais, au contraire, une immense étendue de pays. Du haut du Kef-ir'oud, la vue s'étend bien loin !

Or ce sillon de pierres, franchissant, surmontant tous les obstacles, descendait tout le Kef-ir'oud. Au bas, on le voyait ondulé dans la vallée, remonter une éminence, redescendre de l'autre côté, puis traverser une seconde vallée, enfin remonter sur les flancs d'une montagne presque aussi haute que celle du Kef-ir'oud, atteindre le sommet et finir par se perdre dans le vague, la vue ne pouvant se prolonger plus loin. Je suis sûr que je vis ce sillon sur une étendue de plus de 5 à 6 kilomètres.

Ce sillon n'était pas les ruines ni les traces d'une antique enceinte de guerre, attendu que les anciens peuples, s'ils avaient eu l'intention de construire une ligne de défense, n'auraient pas choisi, pour la construction de cette enceinte, juste les plus petites pierres de la montagne, quand, de tous côtés, ils pouvaient trouver de si beaux rochers, et certes il n'en manque pas. De plus, s'ils avaient voulu établir une ligne défensive, ils auraient placé leurs pierres, tant bien que mal, avec symétrie, par assises; en un mot, ils auraient essayé de former une muraille. Or ici, pas de traces de construction, les pierres avaient toutes été jetées pêle-mêle les unes sur les autres, sans ordre, sans autre but que de former un large sillon.

En dernier lieu, si ce sillon avait été une ligne défensive, pour quel motif les anciens lui auraient-ils fait surmonter tous les obstacles, lorsque ces obstacles étaient eux-mêmes des défenses bien autrement formidables que leur série de pierrailles ?

Enfin ce sillon montait jusqu'au sommet du Kef-ir'oud, en suivant la direction des parois à pic, là où justement toute escalade est impossible, par conséquent où toute défense est superflue.

Si les anciens avaient voulu se retrancher sur cette montagne, ils auraient, le simple bon sens l'indique, essayé de fortifier le côté faible, le côté accessible, celui par lequel j'étais monté. Or, précisément de ce côté, il n'y avait rien, il n'y avait aucune trace de travaux.

Ce sillon n'était donc pas une ligne défensive.

Il n'était pas non plus une ligne de démarcation de propriété, attendu que je ne sache pas, sur le Kef-ir'oud, où il n'y a que des rochers dénudés, on ait eu jamais la velléité d'y semer des céréales, lorsque tout autour se trouvent de fertiles vallées, et que le sol, cultivable, Dieu merci ! n'a jamais dû manquer aux travailleurs. L'Algérie est un si vaste pays !

Pour quel motif, enfin, aurait-on été construire une limite dans un endroit où il n'y avait pas besoin de ligne de démarcation, puisque, à cinquante pas de là, court parallèlement une paroi verticale de rochers de 3 à 100 pieds, paroi bien autrement imposante que cette ligne de pierrailles.

Une chose m'a surtout frappé dans l'examen de cette ligne, c'est de voir que l'on avait, comme avec intention, recherché, pour la faire, des pierres à peu près de même grosseur, de même volume. Il y a, dans ce fait, un point qui implique à cette construction une idée toute particulière et, sans aucun doute, une idée religieuse.

Ce sillon de pierres doit être la projection d'un vaste monument symbolique, dont le centre est assis sur quelques-uns des contre-forts de la chaîne de l'Ouaransenis. Ce sillon est peut-être une des extrémités, la queue, sans doute, d'un immense serpent. Et qu'y aurait-il d'extraordinaire à cela ?

Je constate le fait. A d'autres d'aller étudier et vérifier, car, en ce jour, j'étais tellement affairé dans la recherche de la caverne, que je n'ai pu éclaircir ce mystère. Le temps, du reste, m'aurait fait défaut.

Je connais deux magnifiques monuments symboliques représentant le serpent. L'un se trouve en Amérique, l'autre en Angleterre.

Il y a entre ces deux monuments, comme j'espère le montrer, de si grands rapports de ressemblance, de facture, de conception ; il y a entre eux un tel degré de parenté religieuse, que je laisse mes amis et les savants se demander si ce ne sont pas des hommes d'une même race qui les ont conçus, qui les ont construits.

Dans l'état de l'Ohio, au comté d'Adams, s'étend, sur une colline qui s'élève à près de 150 pieds au-dessus d'une rivière assez rapide, le Brush Creek, une colossale figure symbolique représentant un serpent.

Ce serpent (pl. iii, fig. 1-2), dont la tête repose près du point le plus élevé de la colline, se déroule en suivant les inégalités du sol, sur une étendue de 700 pieds. Ses ondulations se terminent par un triple enroulement. Étendu, ce serpent aurait plus de 1,000 pieds de longueur. Il forme un immense sillon de 5 pieds de haut sur une base de 30 pieds vers la partie médiane du corps. Il s'amincit graduellement vers ses extrémités. Le serpent a la tête toute grande ouverte, comme s'il était sur le point d'avaler un objet ovalaire, qu'il semble avoir déjà saisi avec ses mâchoires. Cet objet, de forme parfaitement ovale,

dont le plus grand diamètre est de 160 pieds, le plus petit de 80, est formé
d'un grand cercle de terre de 4 pieds de haut. Au milieu de ce cercle symbolique s'élève encore un tertre central également ovale.

A l'extrémité postérieure du serpent, près de son enroulement terminal, se
trouve un petit tertre ovalaire ; enfin, un peu plus loin, un autre tumulus
parfaitement arrondi, de 10 pieds de haut sur une cinquantaine de pieds de
diamètre.

Près du petit village d'Abury, en Angleterre, existe un monument symbolique du *serpent*, presque identique, mais bien autrement vaste, bien autrement grandiose que celui d'Amérique.

Ce monument consiste en un fossé circulaire et en un remblai s'étendant
sur une surface de près de 2 hectares. Sur ce remblai, qui est bien détérioré,
était un cercle de grosses pierres et, à l'intérieur de ce cercle, deux autres
petits cercles de pierres levées, placées les unes contre les autres.
De cet immense remblai partent deux avenues; la première se dirige, en
ondulant, à travers une vallée dans la direction de West-Kennet, où elle se
termine, sur le prolongement sud de la colline d'Hakpen, par un renflement,
simulant une tête, orné d'un cercle. La seconde serpente en sens inverse depuis le village d'Abury jusqu'au delà du village de Beckhampton. La première
avenue figure la partie antérieure du serpent; la deuxième, la queue. D'après
le savant Stukeley, ce vaste monument, de plusieurs milles d'étendue, représente un serpent colossal enroulé sur lui-même.

Au sud du grand remblai central existe un énorme tumulus arrondi (Sil-
bury's Hill) de près de 170 pieds de hauteur, qui, par sa position, indique
qu'il fait partie du plan général.

Comme on le voit, les rapports entre les *serpents* d'Amérique et d'Angleterre sont frappants :
1° Dans le monument de l'Ohio, le serpent est caractérisé par une tête
aux mâchoires ouvertes, prêtes à dévorer une enceinte symbolique ovalaire.

Dans celui d'Abury, l'enceinte symbolique est dévorée, elle paraît parve-
nue à moitié du corps de l'animal.

2° L'enceinte américaine est ovale et pourvue, à sa partie médiane, d'un tertre énorme ovalaire comme l'enceinte qui l'entoure.

L'enceinte d'Abury, qui est arrondie, possède, au lieu d'un tertre central, deux enceintes plus petites, mais de même forme que celle qui les encercle.

3° Au sud du *serpent* de l'Ohio se dresse un tumulus qui se rattache au plan général du monument.

Au sud également du *serpent* d'Abury s'élève aussi un tumulus qui appartient à l'ensemble du monument.

4° Le tumulus de l'Ohio, par sa position dans l'axe du prolongement de la colline (voyez pl. III, fig. 1), semble sous la protection de la figure symbolique du serpent.

Le tumulus d'Abury semble également sous la protection de la figure symbolique, puisque, de l'ouest à l'est, cette figure l'entoure complétement.

5° Le serpent de l'Ohio, en ondulant fortement, à ce point que sa queue s'enroule trois fois sur elle-même, paraît faire des efforts pour dévorer une enceinte symbolique ou, si on le veut, pour lutter contre un principe malfaisant représenté par cette enceinte.

Le serpent d'Abury ondule à peine, il paraît un animal au repos et nonchalamment étendu, parce qu'il *a dévoré*, ou que, dans sa lutte, il est parvenu *à étreindre de ses plis* l'enceinte symbolique, etc.

Je le dis et je le répète, bien qu'il y ait entre ces deux monuments des différences de détails, car ils ne sont pas de même date, comme je le prouverai plus tard, il y a entre eux une telle parité de conception, qu'il est presque impossible de ne pas admettre que les pensées qui ont présidé aux plans de ces emblèmes, que les idées religieuses qui ont guidé la main des constructeurs ne proviennent pas d'une origine commune.

PLANCHE I.

EXPLICATION DE LA PLANCHE I.

1. Monument symbolique de l'*homme*, au Nahr-Ouassel (Algérie).

2. Coupe théorique d'un tumulus du Nahr-Ouassel, avec la chambre dolménique centrale.

3. Vue extérieure d'un tumulus restauré.

4. Figure symbolique de l'*homme* (Wisconsin), d'après *Squier* et *Davis,* Anc. mon. in *Smiths. cont.,* 1, pl. xLiii, fig. 2, 1848.

5. Autre figure symbolique de l'*homme,* monument du mont Moriah (Wisconsin), d'après *Lapham,* Antiq. Wisc. in *Smiths. cont.,* VII, p. 64, fig. 26, 1855.

6. Profil d'un silex taillé trouvé au Nahr-Ouassel.

7. Même silex, vu en dessus.

8. Coupe du même silex.

9. Monument symbolique d'Eagle-Mills (Wisconsin), représentant l'*homme* et le *buffle,* d'après *Squier* et *Davis,* Anc. mon. in *Smiths. cont.,* 1, pl. xLiv, 1848.

10. Monument symbolique du comté de Dade (Wisconsin), d'après *Squier* et *Davis,* Anc. mon. in *Smiths. cont.,* 1, pl. xL, 1848.

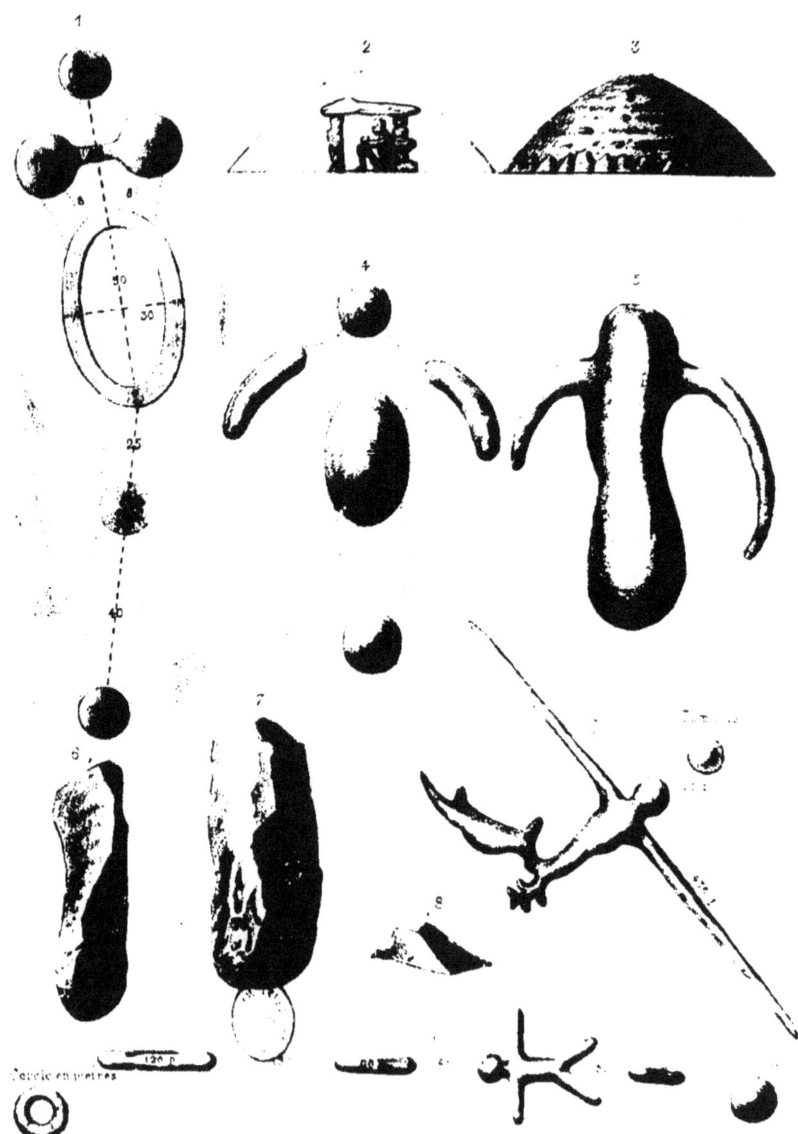

1
2
3
4
5
6
7
8
30
30
25
40
Cercle en pierres
120 p
80
Burck del et lith
Challamel ainé Libr Edit

PLANCHE II.

EXPLICATION DE LA PLANCHE II.

1. Monument symbolique du *Scorpion*, au Nahr-Ouassel (Algérie).

2. Coupe du même monument pour faire voir les saillies des tumulus.

3. Autre monument symbolique du Nahr-Ouassel.

4. Profil très-réduit d'une hache en grès.

5. Même hache polie, en grès, vue en dessus et très-réduite.

6. Coupe suivant la ligne X X' pour montrer la saillie des tumulus du monument symbolique de l'Alligator.

7. Monument de l'*Alligator*, de l'Ohio, d'après *Squier* et *Davis*, Anc. mon. in *Smiths. cont.*, I, pl. xxxvi, 1848.

8. Coupe, suivant la ligne X X', d'un monument symbolique du Wisconsin.

9. Autre coupe, suivant la ligne Y Y', de ce même monument.

10. Plan de ce monument symbolique du Wisconsin, d'après *Lapham*, Anc. Wisc. in *Smiths. cont.*, VII, pl. xvii, fig. 4, 1855.

Burck del et lith
Challamel ainé, libr. édit.

PLANCHE III.

EXPLICATION DE LA PLANCHE III.

1. Monument symbolique du *grand Serpent*, dans le comté d'Adams (Ohio), d'après *Squier* et *Davis*, Anc. mon. in *Smiths. cont.*, I, pl. xxxv, 1848.
2. Coupe de ce même monument, suivant la ligne A B.
3. Monument symbolique du *grand Serpent* à Abury, en Angleterre.

PARIS. — IMPRIMERIE DE Mme Ve BOUCHARD-HUZARD, RUE DE L'ÉPERON, 5.

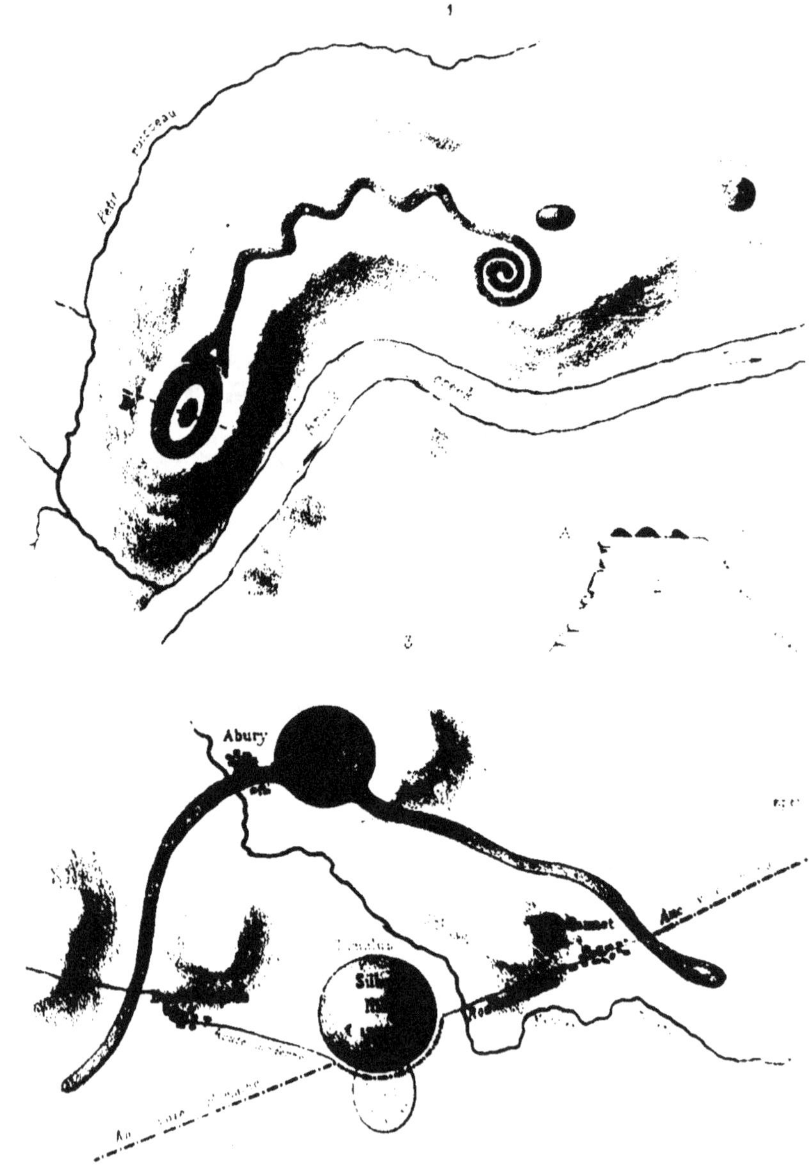

Petit ruisseau
Abury
Silb